Llyfrau'r enfys

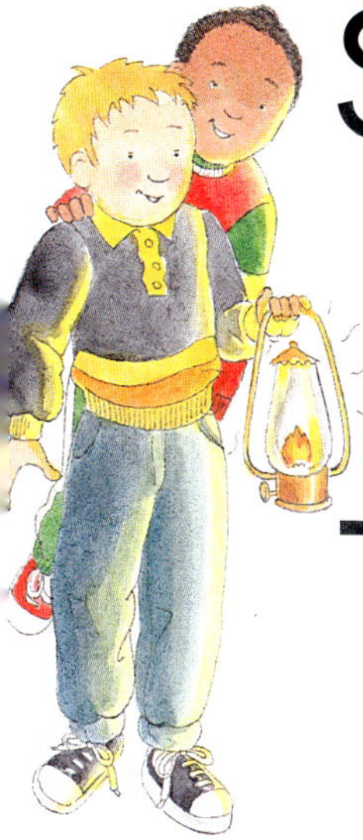

Sut oedd Bywyd cyn Trydan?

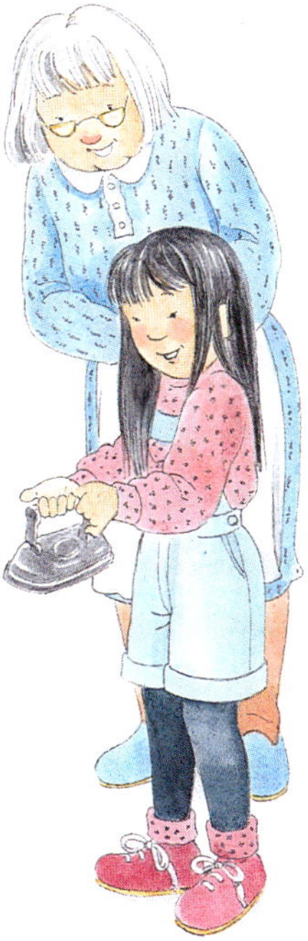

Paul Bennett

Darluniwyd gan
Carolyn Scrace

Mae ei thŷ hi'n ddiddorol iawn ac mae llawer o hen bethau yma.

Mae'r tŷ'n hen iawn. Cafodd ei adeiladu cyn bod trydan. Mae hen lampau nwy ar y waliau o hyd. Welwch chi nhw?

Pan oeddwn i'n ferch fach, doedd dim golau trydan ac roedden ni'n defnyddio lampau olew. Roeddwn i'n mynd i'r gwely yng ngolau cannwyll.

Oedd ofn arnoch chi?

Nid raced yw hwnna. Peth i guro carpedi yw e. Doedd dim peiriannau i lanhau carpedi pan oeddwn i'n ifanc.

Roeddwn i'n gorfod hongian ein carpedi ar lein ddillad a'u curo nhw â hwnna. Roeddwn i'n llwch o 'nghorun i'm sawdl.

Mae hi siŵr o fod yn haws defnyddio hwfer!

Roedd lle tân bron ym mhob ystafell. Roedden ni'n llosgi coed neu lo i gadw'n gynnes. Ar stôf goed neu lo yr oedden ni'n coginio hefyd.

Edrychwch ar y patrymau.

Weithiau, fe fydden ni'n defnyddio gwresogydd paraffîn. Roeddech chi'n rhoi paraffîn yn y tanc yn y gwaelod ac yna'n cynnau'r wic, neu'r pabwyr. Roedd arogl paraffîn yn ein tŷ ni bob amser.

Weli di'r twba 'na? Ein twba golchi
ni oedd hwnna. Roedd fy mam yn golchi'r
dillad i gyd â'i llaw bob dydd Llun.

Wedyn roedd hi'n gwasgu'r dillad trwy'r peth 'na â dau roler arno. Mangl yw hwnna. Os âi'ch bysedd chi'n sownd ynddo, fe fyddech chi'n gwybod hynny!

Roedd hi'n taenu'r dillad ar y lein neu o flaen y tân i sychu. Roedd ein tŷ ni'n llawn o ddillad gwlyb bob amser.

Heyrn neu hetars smwddio ydyn nhw.
Ar ben stôf lo y bydden ni'n eu twymo.
Byddai Mam yn poeri arnyn nhw i weld
a oedden nhw'n dwym.

Hei! Dyma chwaraewr recordiau rhyfedd!

Fy ngramoffon i yw hwnna. Roeddwn i'n arfer chwarae miwsig arno a dawnsio iddo pan oeddwn i'n fach.

Roedd rhaid ei weindio fe. O'r trwmped 'na mae'r sŵn yn dod. Mae gen i hen recordiau yn rhywle. Fe allen ni roi cynnig arno.

Ga i ei weindio fe?

Gyda'r nos, byddwn i'n canu'r piano neu'r fiolín, neu'n darllen llyfr.

Roedd gen i ddol â phen tsieina. Doedd dim teganau sy'n gweithio â batri i'w cael bryd hynny.

Wel, roedd trenau'n wahanol iawn slawer dydd. Pan oeddwn i'n ifanc, roedden ni'n arfer teithio ar drên stêm. Roedden nhw'n swnllyd ac yn frwnt.

Byddai cymylau o fwg yn dod trwy'r corn wrth i ni bwffian mynd.

Ydw, mae wedi gwneud bywyd yn haws,
ond fe gawson ni lawer o hwyl slawer dydd.

Allwch chi enwi'r pethau sydd ar y dudalen hon? Mae'r atebion ar waelod y dudalen ond peidiwch ag edrych nes eich bod wedi gwneud eich gorau glas.

1. Gwresogydd paraffin, 2. Curwr carpedi, 3. Twba smwddio, 4. Haearn smwddio, 5. Lamp olew, 6. Mangl, 7. Gramoffon, 8. Cylch